A PROFESSORA

Piero Palono

Índice

Sinopse

George recebeu uma nota muito baixa para passar de ano, o que o obrigou a frequentar aulas de recuperação.

A sua professora, guardando para si alguns sentimentos secretos, aproveitou a oportunidade para se aproximar do aluno, já que quase todos os alunos aprovados estavam liberados, inclusive a namorada do rapaz.

Depois de um primeiro contato ainda dentro da sala, Danieli deu carona para o seu aluno preferido, quando os dois foram a um bar discreto para tomar alguns chopes.

Ainda tomados pelo nervosismo e pela insegurança, a bebida e a música romântica ajudaram a aproximar o aluno e a professora. Depois dos primeiros beijos na boca, na saída do bar, tudo poderia acontecer.

Livros publicados em português

A estagiária
A estudante universitária
A futura arquiteta
A gandula mais deliciosa
A garota da praia
A garota do pijama rosa
A insaciável Bruninha (volumes 1 e 2)
A loura da sombrinha
A nova estagiária
A praia de nudismo
A professora
A vocalista da banda
Amigas inseparáveis
As aventuras de Renan
As aventuras de Vanessa Z.
As saidinhas da esposa
As colegas de escritório
Aventuras extraconjugais
Casal em férias
Confinamento
De vista para o mar
Fantasia
Loirinha safadinha
Lua de mel apimentada
Meu marido ainda deixa
Meu marido deixa
Nos limites da fidelidade
Novas descobertas de um hétero (volumes 1, 2 e 3)
Novos prazeres de um homem
O arquiteto
O carnaval
O despertar do desejo
O homem certo
O jogo do sexo
O marido ciumento
O pai da melhor amiga
O vidro de perfume

Nota baixa

O final do ano estava chegando e, com ele, os últimos dias de aula. A ansiedade tomava conta da maioria dos alunos, que não tinham certeza se passariam para a próxima série ou seriam reprovados, ainda que às vezes por um ponto apenas.

George era dos felizardos que, ao menos no seu pensamento, já estava com um pé no ano seguinte. A sua única dificuldade era em matemática, mas, mesmo assim, ele acreditava que tinha tirado uma nota suficiente para ser aprovado.

Precisando tirar a nota quatro para não ter que repetir o primeiro ano da sua vida, rapaz de vinte anos de idade estava esperançoso e imaginava que a sua nota teria ficado entre seis e sete, o que era mais do que suficiente para as suas pretensões.

Afinal, do mesmo jeito que todos os seus amigos e colegas de classe, ele não pretendia ser um professor de matemática no futuro, nem um engenheiro ou qualquer outra profissão que dependesse de números e de cálculos.

A professora Danieli entrou na sala após um intervalo de aproximadamente quinze minutos e se deparou mais uma vez com uma grande algazarra. Não havia um único dia em que os seus alunos se comportassem bem, especialmente nos primeiros minutos de aula.

A mulher de aproximadamente 1,65 metros de altura e trinta e um anos de idade tentou entrar de forma dominadora para tentar se impor um pouco diante de mais de trinta jovens e adolescentes, embora o seu perfil fosse outro bem diferente.

A entrada quase triunfal da professora de cabelos castanhos, que não causou muito efeito sobre os alunos bagunceiros, fez com que ela acabasse erguendo a voz para tentar se fazer ouvida e respeitada. Contudo, os alunos só ficaram quietos quando ela se exaltou e bateu com a mão fechada sobre a mesa.

Dois minutos depois, ainda irritada com a falta de respeito dos alunos, Danieli se sentou e informou que começaria a ler os nomes dos aprovados, que poderiam ir embora mais cedo - para a sua alegria, quando boa parte dos jovens recomeçou a já tão conhecida algazarra.

Feliz por ter certeza de que o seu nome constava na lista, George convidou a namorada Kátia para tomar um chope assim que saíssem do colégio. Afinal, era sexta-feira e ele queria começar bem cedo a aproveitar o final de semana.

Kátia, uma das primeiras a sair, já que o seu nome vinha antes na ordem alfabética, ficou esperando pelo namorado fora da sala. Enquanto via a sala ficar praticamente vazia, George pegou os livros e caminhou em direção à saída.

- Aonde você vai, George? - perguntou a professora com cara de indignada.

O rapaz alto e com o corpo um pouco atlético abriu a boca para falar, mas não saiu nenhuma palavra. Só então percebendo que o seu nome não tinha sido chamado, o rosto de George começou a ficar ruborizado.

- Como? Mas eu não...

A professora de cabelos ruivos pela metade das costas olhou de alto a baixo para o aluno de cabelos pretos e curtos, o que o fez tremer. Usando a ponta de um dedo para arrumar os óculos de forma irritante, ela continuou:

- O que o faz pensar que passou, George?

Tomado pela surpresa, o aluno mal conseguia raciocinar, então ficou parado entre a mesa e a porta. Kátia olhou para o namorado e, com um sorriso que demonstrava um pouco de deboche, falou:

- O chope fica para outro dia, amor. Tchau!

A professora, cuja raiva ainda não tinha passado por completo, não deu trégua a George. Ainda que aquele aluno fosse geralmente um dos mais comportados em aula e nem estava participando da bagunça, Danieli foi enfática:

- A sua nota foi apenas dois, George. Você achava que tinha conseguido mais do que isso?

Calado e sem saber o que fazer ou em que pensar, George voltou à sua carteira e aguardou o reinício da aula. Além de estar frustrado consigo mesmo por causa de uma nota considerada baixa demais até para a assustadora matéria que Danieli tentava ensinar com afinco para os seus alunos, o rapaz estava um pouco magoado pela maneira que tinha sido tratado por uma professora quase sempre dócil.

George ainda espiou pela janela, quando viu Kátia conversando com alguns colegas daquela e de outras classes. Certamente todos os jovens estariam indo tomar aquele chope do qual ele precisava tanto, mas que estava impossibilitado.

Ainda olhando para fora da sala, o aluno distraído e chateado foi surpreendido pela chegada silenciosa da professora de matemática, que puxou uma cadeira e se sentou ao seu lado. Ele temeu por outras frases insensíveis, o que o machucaria ainda mais.

- Desculpe-me por ter falado daquela maneira com você, George, é que os seus colegas conseguiram me irritar muito hoje.

- Tudo bem, professora. Não liga para isso. Eu entendo.

- Não está tudo bem, não. Eu sei que você é sempre um aluno querido. Eu deveria ter falado de outro jeito e não assim.

George entranhou um pouco a maneira como a professora estava falando. Poucas vezes ela tinha se aproximado tanto dele e em nenhuma daquelas oportunidades tinha se referido a ele como "querido" ou qualquer outra palavra tão carinhosa.

- Não tem problema. Eu sei que não deve ser nada fácil lecionar para alunos dessa idade.

- Nem sempre é tão difícil, mas hoje foi demais. Eu vou ajudá-lo em tudo o que você precisar, tá?

- Está bem, professora. Parece que eu não tenho outra alternativa mesmo.

Danieli sabia que George estava muito decepcionado por ter sido reprovado e também por não poder sair mais cedo da aula, como aproximadamente vinte e cinco alunos que já estavam em férias.

- Bem, é um pouco difícil explicar. Eu não entendo muito a matéria.

- Não se preocupe, eu vou ajudá-lo de todas as maneiras que você precisar, está bem?

- Está bem, professora.

Com um jeito totalmente diferente do normal, a professora perguntou em que poderia ajudar um dos seus melhores alunos.

Contudo, de tão perto que ela chegou, George pode sentir o seu perfume. E ele era diferente do usado por Kátia.

O aluno, que estava entre os sete ou oito que ficariam em recuperação, falou à professora quais eram as suas dúvidas a respeito da tão ingrata matéria. Por mais bonita e até mais gostosa que Danieli pudesse ser, George preferia estar andando pelas ruas naquele momento.

Enquanto falava, entretanto, George ainda não tinha assimilado o fato de não ter alcançado a nota mínima, que era bem baixa até para os seus padrões. Se tivesse tirado a nota esperada, agora ele estaria andando feliz pelo pátio do colégio ou, principalmente, sentado à mesa de um bar tomando os seus chopes com a namorada e outros colegas.

Assim, ele nem mesmo sabia onde Kátia estava indo, nem com quem, nem o que iria fazer. George estava preso em uma sala de aula e seria torturado por uma professora às vezes inescrupulosa, ao menos em relação aos outros alunos.

Ainda que fosse um bom rapaz, as suas atitudes não o ajudariam a passar de ano. Uma reprovação seria muito ruim, principalmente porque a faculdade ficaria um ano mais longe. Além disso, a sua namorada ficaria um ano à sua frente, o que não era a melhor coisa do mundo.

O contato

Danieli se aproximou um pouco mais do seu aluno querido e colocou a mão sobre a dele, mas tirou depressa, talvez por ter se arrependido ou então por ter medo de que algum aluno percebesse a sua atitude impensada.

Tudo se passou tão rápido que George nem teve tempo para processar o fato. Ainda assim, algo parecia ter acontecido dentro dele, e o sentimento por parte da professora parecia ser parecido.

Sem nunca ter prestado muita atenção ao corpo ainda jovem da mulher sentada ao seu lado, que era dez ou onze anos mais velha do que o aluno, George passou os olhos pela cintura e pelos seios de Danieli, embora tenha tido medo que ela percebesse. Depois de uma rápida olhada, ele tentou se conter e prestar mais atenção às explicações.

Se já não estivesse encrencado o suficiente por não ter sido aprovado na matéria que mais preocupava a maioria dos alunos, o rapaz poderia ter problemas ainda maiores se faltasse com o respeito com a sua professora.

Sem notar o interesse que começava a despertar no aluno, Danieli começou a explicar alguns cálculos e fórmulas. Aos poucos, ela foi se aproximando mais de George, que ficou intrigado com as suas atitudes totalmente fora do normal. No entanto, a proximidade da professora fez com que o aluno se esquecesse que estava ali apenas para aprender e ela para ensinar.

A pequena distância que separava George da sua professora, aliada àquela atitude inusitada, fizeram com que ele não pensasse mais no chope que poderia estar tomando com Kátia, nos canteiros floridos do pátio da escola e nem mesmo na namorada ou no que ela poderia estar fazendo naquele momento.

- Está tudo bem até aqui, George?

O sorriso terno e a voz baixa da professora, que mais se parecia com um sussurro emitido nos momentos em que ela estaria transando com alguém - e gozando - começavam a mexer bem mais com George do que a sua própria namorada, que tinha completado dezoito anos há seis meses.

O aluno, que agora tremia um pouco ao segurar a caneta ao lado de uma mulher tão exuberante quanto Danieli, começava a comparar os corpos daquelas duas mulheres, o que fez com que o pênis se mexesse dentro da bermuda.

Enquanto Kátia tinha saído há pouco tempo da adolescência, e transado - segundo ela - com três rapazes antes de começar a namorar com George, Danieli já era uma mulher formada - não apenas na universidade - e o seu corpo era muito atraente, ainda que o seu aluno predileto só começasse a perceber agora.

- Está, sim – ele respondeu somente depois de alguns segundos.

Danieli deu uma olhada nos arredores da mesa de George para se certificar que os seus colegas estivessem estudando e não ouvindo uma conversa bem particular.

Além de ser casada há alguns anos, a professora não poderia permitir que alguém percebesse o seu interesse por George e nem poderia ser exposta a qualquer relacionamento extraconjugal, tanto na escola como fora.

Depois de decidir deixar fluir um pouco um sentimento que já alimentava há algum tempo, Danieli largou o caderno de George, olhou fundo nos seus olhos e pareceu escolher as melhores palavras para demonstrar os seus desejos.

- Já faz um bom tempo que eu queria conversar com você, George - sussurrou ela novamente. - Mas agora... eu nem sei mais se adianta alguma coisa.

Antes que George pudesse falar alguma coisa, um aluno fez uma pergunta e interrompeu o início de uma conversa incomum, o que trouxe aluno e professora de volta à realidade da aula e do mundo.

Danieli se levantou da cadeira na qual esteve sentada por alguns calorosos minutos e foi atender o outro aluno. No entanto, em poucos minutos ela já estava sentada ao lado de George outra vez, quando continuou usando a mesma voz carinhosa para ensinar a matéria.

Naquele momento, George já não pensava mais no chope que Kátia deveria estar tomando e nem se lembrava que tinha uma namorada. A voz de Danieli, o seu perfume e a proximidade dos seus corpos fizeram com que ele se esquecesse de tudo.

O rapaz colocou a mão sobre a bermuda e acariciou o próprio pênis, que parecia ganhar vida própria – e desejos. Como estava olhando para o caderno do seu talvez aluno preferido, ela não percebeu o que estava acontecendo debaixo da mesa.

Outro aluno fez uma pergunta à professora que, em seguida, dirigiu-se ao quadro para explicar a matéria a todos. Como George nunca tinha olhado direito para aquela mulher de cabelos castanhos, principalmente com outras intenções, ficou encantado com o jeito como ela andava.

Danieli remexia a sua bundinha arredondada de um lado para o outro enquanto chegava à parte frontal da sala. O seu rebolado era provocante, mas, apesar de tudo, tinha muita elegância. Talvez não tenha sido apenas um estudante que percebeu os movimentos quase perfeitos.

Elegante ou obsceno, os movimentos que a professora fazia diante do quadro faziam com que um dos alunos ficasse mexendo escondido no pênis duro. Agora a mão já estava dentro da bermuda e o seu dono desejava que fosse a mão de Danieli, ou a sua boca, ou a sua vagina.

A professora não mexia a bunda como várias das amigas e colegas de George, que muitas vezes faziam movimentos exagerados apenas para chamar a atenção dos rapazes ou, especialmente, para competir com as próprias colegas - suas rivais.

Apesar de ter trinta e um anos de idade, Danieli era uma mulher linda e muito interessante. Segura de si, ela parecia não precisar provar nada a ninguém. Os seus lábios bem delineados, realçados por um batom discreto, moviam-se majestosamente enquanto explicava a matéria.

Ao mesmo tempo em que poderia vir a ser muito bom, George temia que não iria aprender muita coisa a respeito de matemática nos próximos dias. Contudo, coisas bem mais importantes – e quentes - poderiam estar no seu caminho.

Outra vez o aluno mais interessado na professora do que na matéria na qual estava mal comparou Danieli com a sua namorada, que completaria dezenove anos em alguns meses.

A juventude no rosto e na forma do corpo jovem de Kátia era evidente. Os seios, ainda pequenos e pouco chupados na sua curta vida, ainda cresceriam e excitariam muito mais homens do que já o faziam atualmente.

A cintura fina da namorada realçava uma bundinha que apenas estava desabrochando para a vida. A vagina da garota, que ainda era bem apertada, demonstrava que não tinha sido submetida a muitos pênis – ou eles não eram muito grandes e nem muito grossos, pelo menos.

Por outro lado, as curvas do corpo da professora de matemática chamavam bem mais a atenção do que a jovem. Os seios grandes e rígidos, geralmente escondidos em boa parte por decotes não muito ousados, eram dignos de serem apalpados com carinho e chupados com muito tesão.

A cintura de Danieli se assemelhava à de Kátia, sendo as duas provocantes. Contudo, a sua bunda mais proeminente indicava que a professora já tinha atingido o auge e certamente deixava deslumbrado e com tesão todo homem que olhasse para ela - além de uma grande parte de mulheres.

Uma delas ainda era uma menina. A outra, uma mulher já formada. Contudo, as duas eram deliciosas, cada uma à sua maneira.

As duas mulheres em questão tinham os cabelos não muito compridos. Porém, enquanto Kátia costumava usá-los soltos, já que era o gosto de ambos os namorados, a professora geralmente os mantinha presos.

Enquanto George se perguntava se já tinha visto Danieli com os cabelos soltos, cuja resposta certamente seria negativa, percebeu que realmente nunca tinha prestado atenção nas qualidades da mulher cerca de onze anos mais velha do que ele.

George concluiu que, se a sua professora soltasse os cabelos castanhos e tirasse os óculos, que certamente eram usados apenas para ler, acabaria se tornando uma mulher ainda mais atraente e, assim, mais desejada.

O aluno pensativo foi obrigado a retornar à realidade no momento em que percebeu o movimento que os lábios da professora faziam e entendeu que ela estava falando com ele, talvez já há algum tempo.

- E então, George. Você pode vir até o quadro e explicar aos seus colegas como se resolve essa equação?

George entrou em pânico, já que não tinha prestado nenhuma atenção ao que Danieli provavelmente explicava lá na frente. Só o que ele tinha feito até aquele momento era dedicar o seu valioso tempo para observá-la e se permitir voar em pensamentos estranhos aos que um aluno deveria ter em relação à sua professora.

O rapaz voltou a gaguejar quando, milagrosamente, a campainha tocou. George tinha sido salvo, já que a aula tinha chegado ao fim. A única coisa que ele poderia explicar no quadro era o fascínio que começava a tomar conta do seu corpo e, principalmente, do seu pênis.

Contudo, George ignorava que Danieli tinha pedido para ele explicar a matéria não por imaginar que soubesse e nem mesmo para ensiná-lo, caso tivesse dúvidas. Assim como sabia que o seu aluno não prestava muita atenção à aula, a professora tinha percebido o jeito como era observada por ele depois que as suas mãos se tocaram por alguns instantes.

Por mais que todos os outros alunos também a desejassem, não lhes parecia novidade o fato de a professora ser gostosa e se vestir de maneira um tanto quanto provocante. Ao que tudo indicava, apenas um rapaz ainda não tinha sido despertado pelo tesão que Danieli provocava – ao menos, até antes de aquela aula iniciar.

Assim como sabia que o seu aluno não prestava muita atenção à aula, a professora tinha percebido o jeito como era observada por ele. Por mais que os outros alunos também a desejassem, não lhes parecia novidade o fato de ela ser gostosa e se vestir de maneira um tanto quanto provocante.

Enquanto arrumava os livros para sair, George percebeu que passou o tempo todo observando a maneira da professora andar e o movimento dos seus lábios. E estava ficando fascinado.

Sem saber como se despedir na saída da sala, no entanto, mesmo que a sua professora tendo colocado a mão sobre a sua há instantes, George não olhou para trás. Apesar de todos os sinais, ele temia ter julgado mal o seu gesto, ou talvez o fato de começar a desejá-la o deixasse mais amedrontado do dia em que pediu se Kátia gostaria de namorar com ele.

A carona

George já estava um pouco afastado da escola quando um carro verde parou ao seu lado. Ele olhou com bastante atenção, até que finalmente reconheceu a sua professora.

Assim que o vidro se abriu, Danieli sorriu o seu sorriso simpático para o aluno mais desejado da sala. Sem compreender direito o que a professora fazia ali, George chegou mais perto para ver o que ela queria.

- Quer uma carona, George?

A voz doce da professora fez com que o aluno entrasse mesmo sem saber se aquilo era certo ou errado. George colocou os livros no banco traseiro e ajustou o cinto de segurança, quando o veículo começou a andar vagarosamente.

- Acho que não estamos indo na mesma direção, professora - comentou ele com um sorriso tímido. - Nós moramos em bairros bem distantes.

- Eu sei disso, mas estava pensando em outra coisa.

Por ainda ter dúvidas sobre as intenções de Danieli, George achou mais prudente respeitar a linha que os separava na escola, quando professora e aluno ficaram um momento em silêncio. Ela parecia esperar que ele falasse, enquanto George aguardava que Danieli revelasse o seu objetivo.

- Você ia tomar um chope com a Kátia, não ia?

- Sim, mas não deu muito certo.

- Ainda está com vontade?

- Estou, mas a essa hora ela já deve ter ido embora.

A professora fez uma pequena pausa, quando pensou na melhor forma de falar o que pensava. Ela também sabia que existiam limites entre alunos e professores, e não poderia ultrapassá-los. Ou poderia?

- Eu também estou com vontade de tomar, mas não tenho com quem ir.

- Eu posso ir com você, se quiser - George respondeu automaticamente e ficou surpreso com a rapidez da sua decisão.

- Eu conheço um lugar bem aconchegante, o que você acha de irmos lá?

George concordou fazendo um sinal com a cabeça e Danieli acelerou o carro pelas ruas escuras. O rapaz percebeu que o caminho não era o mesmo dos bares mais conhecidos da cidade, o que o fez pensar onde estava sendo levado pela linda professora de matemática.

Enquanto via a professora dirigir um carro já um pouco velho, George ficava contemplando as suas pernas se moverem ao apertarem os pedais do freio, da embreagem e do acelerador.

Ainda que não conseguisse ver os seios de Danieli de frente, ele ficava imaginando como seriam sem aquela blusa, ficava desejando que as suas mãos estivessem agarrando a ambos e a sua boca se deliciando ao chupar por muito tempo cada um deles.

O veículo rodou alguns minutos por um bairro pouco conhecido de George, até que chegou a um bar muito diferente dos que ele, sua namorada e seus amigos estavam habituados a frequentar.

George e Danieli entraram sem falar nada, professora na frente, aluno atrás. A hierarquia parecia continuar prevalecendo, mesmo longe do território escolar e, certamente, dos alunos e professores. E da namorada do aluno.

Por precaução, George passou a mão no bolso, já que precisava se certificar de que estava com a carteira. Ao mesmo tempo, ele tentou me lembrar da quantidade de dinheiro que poderia estar no seu interior.

O bar preferido de Danieli era requintado, tinha música ao vivo e uma penumbra bem insinuante. Eles se sentaram em um canto discreto e, assim que George avistou um dos garçons, pediu que levasse dois chopes.

Os primeiros olhares, que foram marcados por sorrisos tímidos ou inseguros, mas que carregavam desejo e também angústia, tomaram conta das bocas dos últimos dois clientes que tinham entrado no bar.

- Você já tinha vindo aqui? - perguntou a professora quando o seu sorriso se tornou um pouco mais tranquilo.

- Não, esta é a primeira vez.

George não conseguia esconder o espanto por entrar em um bar refinado e, principalmente, por estar na companhia de alguém que, até cerca de duas horas, era apenas uma professora de matemática, tão discreta quanto dedicada.

Até aquele momento, contudo, Danieli continuava sendo apenas a sua professora. Entretanto, o fato de eles terem saído juntos era prenúncio de que alguma coisa talvez inimaginável deveria acontecer em breve.

- O que você achou do ambiente?

- Gostei bastante, é muito bonito!

- Sim. Eu sempre gostei de vir aqui. Além de ter um bom chope, as pessoas parecem mais alegres do que em outros lugares que já estive.

- Concordo. Eu gostei muito da penumbra. É bem mais escuro do que os outros bares. A luz assim fica ótima.

- Eu também gosto desse jeito.

- Você vem sempre aqui?

- Eu vinha muito quando era solteira, mas depois que...

Danieli interrompeu a frase e também o seu sorriso. Depois de tomar um gole de chope, ela olhou fundo nos olhos de George. O seu olhar era penetrante e só restou ao seu aluno imitá-la.

O rapaz um pouco bebeu um longo gole e ficou brincando nervosamente com a bolacha que ficava embaixo do copo e que servia para impedir que a mesa ficasse molhada.

Muito tenso, George começou a olhar para os lados. Não que ele estivesse preocupado com a remota possibilidade de ser flagrado pela sua namorada, que certamente jamais havia pensado em frequentar um estabelecimento daquele tipo.

Ele também não procurava por outros colegas ou mesmo seus professores, que certamente considerariam bastante estranha aquela dupla. Nem mesmo o marido da professora passou pelo seu cérebro, que estava bastante abalado por causa do nervosismo.

- Vocês não saem muito, professora?

A revelação

George se sentiu muito estranho ao chamá-la daquela maneira. Sentados ali, naquela mesa escondida de um bar frequentado por casais que buscavam discrição acima de tudo, eles não eram simplesmente aluno e professora.

Do mesmo jeito, Danieli não se sentiu menos desconfortável com aquela colocação. Ainda que a conversa entre os dois estava apenas no início, ela esperava um pouco mais. Afinal, era só ela que tinha coisas a perder.

- O que você acha de me chamar de Dani e se esquecer de que sou sua professora? - propôs ela com um sorriso malicioso.

- Claro, desculpa.

- Não tem problema, não se preocupe. Afinal, eu não sou tão velha assim, sou?

- Não! Você não é velha, muito pelo contrário. Você é jovem, é muito...

George não concluiu a frase por faltar coragem para confessar que a achava linda, sensual, assim como estava ficando totalmente deslumbrado por causa da maneira como estava sendo tratado pela professora de cabelos castanhos.

- Muito o quê? - perguntou Danieli depois que George parou de falar.

- Não sei se eu devo dizer...

George ficou pensando se deveria mesmo falar o que pensava a respeito daquela jovem mulher sentada à sua frente. Embora ela fosse sua professora, e vários anos mais velha, Danieli começava a despertar sentimentos que ele pouco conhecia em duas décadas de vida.

Danieli olhou de um jeito diferente para George, o que tirou toda a coragem que ainda lhe restava. Ainda assim, ele continuou:

- Muito bonita.

A resposta, ainda que tardia, foi presenteada com mais um belo sorriso. Parecendo ler os pensamentos de George, Danieli finalmente soltou o cabelo, o que a deixou linda demais e obrigou o aluno a terminar o pouco do chope que ainda estava no caneco.

Ele chamou imediatamente o garçom e pediu que ele levasse mais uma rodada daquele líquido dourado. Ao mesmo tempo, ele torceu para que a bebida lhe desse a coragem necessária para continuar ao lado da professora.

Aos poucos, George ia se entregando silenciosamente ao olhar devastador que emanava daqueles olhos escuros, praticamente pretos. O estudante colocou as mãos sobre a mesa para tentar se acalmar, já que não conseguia fazê-las parar de tremer.

Para piorar ainda mais a situação, Danieli colocou as mãos sobre as de George, quando até as suas pernas começaram a tremer a partir daquele instante. Felizmente para o aluno, a professora não conseguia vê-las.

A mão de Danieli estava fria, mas a de George não era quente o suficiente para conseguir aquecê-la, o que sugeria que o nervosismo tomava conta dos dois.

Mais à vontade um pouco, George colocou a outra mão sobre a de Danieli. Eles ficaram bastante tempo assim, sem se preocupar com ninguém à sua volta. Mais do que as próprias palavras, os olhares que aluno e professora trocavam demonstravam o que eles sentiam.

- Você disse que queria conversar comigo - falou George ao se lembrar da frase de Danieli quando ainda estavam na aula.

- Sim, mas acho que deixei passar muito tempo.

- Como assim?

- Faz tempo que gosto de você, George, mas nunca me aproximei porque a Kátia está sempre por perto.

Danieli fez uma pausa, quando se lembrou do momento em que começou a prestar mais atenção ao aluno na festa de aniversário da escola. George brincava com a namorada enquanto tomavam refrigerante e comiam salgadinhos.

De longe, Danieli conversava com o diretor e duas professoras. Apesar de responder a todas as perguntas formuladas pelos colegas, a professora de matemática começava a se interessar pela simplicidade e pela alegria do aluno. E pelo seu corpo também.

Alguns meses depois da festa, lá estava ela, em frente ao mesmo aluno, tomando chopes e se esquecendo da vida e, inclusive, do marido, que certamente deveria estar preocupado com a sua demora para voltar para casa.

Como George não comentou nada a respeito da sua frase, e não conseguia visualizar as cenas que tinham acontecido antes da metade do ano, ela prosseguiu:

- Talvez a minha vida mude em alguns dias, daí tudo vai ficar ainda mais complicado. Talvez eu nem devesse ter colocado a mão sobre a sua durante a aula.

- Eu nem sei o que senti naquele momento, Dani, mas foi muito bom.

George respondeu sem entender muito bem o que a professora queria dizer com aquelas palavras, quando aproveitou para mudar a forma de chamá-la. Aquilo seria uma forma de se aproximar de Danieli.

- Por que eu não fiz isso antes? É tão bom estarmos juntos agora.

Ouvir aquelas palavras só aumentou a vontade que George tinha de pegá-la no colo, beijar a sua boca e se entregar inteiro a ela. Sem conter um sorriso, ele admitiu:

- Eu queria muito sair daqui com você, não pensar em nada, em ninguém...

- Seria bom, mas...

Outra frase não foi concluída, mas nem era mesmo necessário. Danieli era casada, tinha um emprego e uma vida com o marido.

A professora era bem diferente de George, estudante, solteiro, sem emprego, um jovem que namorava uma amiga de infância talvez mais por comodidade do que por amor. Danieli não poderia fugir com ele, embarcar em uma aventura sem destino e nem compromisso simplesmente para viver uma paixão tão louca quanto repentina.

- Eu entendo – concordou George, embora contrariado.

- Eu adoro essa música - comentou a professora ao olhar para uma máquina de música colocada no canto oposto ao que eles se encontravam. - É muito romântica.

A música não era da época de George, mas ele sabia boa parte da letra. O romantismo da cantora, cuja idade certamente seria maior do que a da sua mãe, mexeu com ele.

- Eu também gosto muito.

George ficou olhando para a máquina de música e se lembrou que tinha algumas moedas no bolso - além de algumas poucas cédulas dentro de uma carteira cheia de fotos de Kátia.

- Vem comigo - disse o estudante pegando a mão de Danieli e se levantando da cadeira. – Vamos até lá.

- O quê?

George arrastou Danieli até a máquina de música, que ficava a aproximadamente vinte metros do local onde tinham ficado os copos de chope vazios. A mão do aluno ainda segurava a da professora, que nem se lembrou que era casada e poderia muito bem ter algum conhecido seu no bar.

Depois de pegar as três moedas que estavam no bolso da calça, troco de refrigerantes que tinha comprado para ele e a namorada antes da aula, George sorriu e indicou os botões onde as músicas eram selecionadas.

- Escolha algumas das músicas que você gosta - pediu ele.

- O quê?

Surpresa com a atitude de George, Danieli retribuiu o sorriso, que foi bem mais lindo e sensual. A mulher casada se aproximou da máquina e começou a procurar por artistas do gênero que mais gostava.

- Mas tem que ser bem românticas, Dani – pediu o rapaz.

- É claro que eu vou escolher só músicas românticas, querido.

Sem que a professora percebesse - e sem que se importasse muito, o aluno chegou por trás e se encostou nela. Enquanto Danieli mexia o corpo ao ritmo da música selecionada pelo cliente anterior, que já estava para acabar, sentiu as mãos de George na sua cintura.

Apesar dos riscos de ser flagrada com um aluno - um rapaz bem mais jovem do que ela, e impulsionada pelos momentos mágicos que estava vivendo na companhia de um rapaz que até aquele momento só fazia parte dos seus sonhos, Danieli roçou a bunda contra o pênis de George, que provavelmente estaria duro há um bom tempo.

Danieli não teve nenhuma pressa em escolher as músicas que colocaria com as moedas de George e só optou por selecionar a primeira quando estava terminando a canção que motivou aquela aproximação impensada.

Com menos a perder em relação aos problemas que poderia causar à sua professora, o aluno preferido aproximou os lábios da orelha de Danieli e começou a mordiscá-la. O cabelo um pouco comprido não foi empecilho para que George beijasse aquele pescoço comprido e perfumado.

Enquanto George ficava inebriado com o perfume da professora de matemática, ela sentia um arrepio percorrer todo o corpo por causa das carícias que ele fazia em um corpo tão diferente dos que ele já havia tocado antes.

Danieli fechou os olhos assim que colocou a primeira música, manteve o corpo colado ao de George e não evitou as investidas que ele fazia. As mãos do aluno que não havia sido aprovado em matemática, um pouco menos frias e um pouco menos trêmulas neste instante, continuaram acariciando a cintura da mulher que não tinha nenhuma parcela de culpa no caso da necessidade de recuperação em uma das matérias que mais assustavam a maioria dos alunos não apenas daquela escola, mas de quase todas.

Os corpos das duas pessoas que estavam fugidas dos seus cônjuges, escondidas em um lugar onde nenhum dos dois imaginaria, ficaram bem juntos pela primeira vez.

Tanto Daniela conseguia sentir a rigidez do pênis do seu aluno, ainda que ele não forçasse como se pretendesse meter na sua bunda ou na sua vagina ali mesmo, na penumbra daquele bar discreto, como George podia sentir o calor que emanava de um corpo que já tinha dono.

Ela começava a se desprender um pouco das obrigações que o seu casamento impunha e passava a se comportar quase como uma adolescente, como era o caso da namorada do rapaz com quem tinha se refugiado em um bar discreto e insinuante.

- Vem comigo!

Agora era Danieli quem dizia a mesma frase ouvida há instantes. A professora pegou a mão do aluno e o levou para fora do bar. Ainda que jamais tivesse feito coisas semelhantes na época de solteira, ou mesmo depois de ter se casado, ela conhecia locais bem escuros e discretos, já que tinha visto vários casais se beijando longe dos olhos da maioria dos frequentadores do estabelecimento.

George se deixou levar pela mão da professora, embora não tivesse ideia de onde estava indo e nem o que iria acontecer em breve. Inebriado com os encantos de uma mulher mais experiente e sensual, ele iria até mesmo ao fim do mundo com ela.

Mais do que professora

O bar onde Danieli ia tomar alguns chopes logo que se casou com Stênio tinha uma espécie de jardim, que ficava nos fundos, bem no final do estacionamento. O lugar ficava praticamente invisível de dentro e já tinha proporcionado muitos "agarramentos" entre os clientes mais afoitos.

Ela mesma já tinha presenciado algumas cenas picantes, embora não tivesse condições de reconhecer ninguém e, inclusive, ver o que aquelas pessoas certamente muito excitadas – ou apaixonadas – estavam fazendo na escuridão.

Ao chegarem ao local pretendido, Danieli abraçou George e beijou os seus lábios pela primeira vez na vida. Não foi apenas a professora que se sentiu nas nuvens, mas também o seu aluno.

As mãos de ambos começaram a se livrar dos tabus que envolviam professores e alunos, quando entraram pelas roupas como se aquele casal já se conhecesse há muitos anos.

Danieli encontrou um pênis bem duro quando a mão entrou na bermuda de George e ficou com muita vontade de chupá-lo, apesar dos perigos de eles serem apanhados. Ao mesmo tempo, as mãos do seu aluno saíam da sua bunda para ir à parte da frente da calça.

Assim que George colocou a mão dentro da calcinha de Danieli, encontrou uma vagina tão depilada quanto a da sua namorada. Os dedos entraram com facilidade naquele local quente e úmido, já que a sua professora estava tão excitada quanto ele.

- Delícia que você é, Dani.
- Você também é uma delícia, George.

Depois de mais um beijo na boca, Danieli se abaixou, abriu o zíper da calça de George e tirou o pênis para fora. Apesar da escuridão, as mãos experientes sugeriam à sua dona que ele não era muito diferente do órgão do seu marido, embora o de Stênio parecia ser um pouco mais grosso.

Perplexo e um pouco amedrontado por causa do que faziam e do lugar onde estavam, George foi se tranquilizando quando as duas mãos de Danieli pegaram o seu pênis com carinho e o acariciaram como nenhuma garota há havia feito.

Ainda nervoso, mas naquele momento um tanto mais extasiado, George sentiu que uma boca quente se aproximava do pênis duro. Os vários goles de chope que a professora tinha tomado pareciam não ter diminuído a temperatura da sua boca e nem da língua, o que fez com que o rapaz ficasse pensando em como deveria ser quente o fundo da vagina de Danieli.

A garota dos cabelos castanhos soltou apenas uma das mãos que seguravam o seu aluno predileto, quando o abocanhou sutilmente. Os lábios, que ainda continham parte do batom discreto, foram acompanhando o comprimento do pênis, quando chegaram praticamente até a outra extremidade.

George, que estava com os olhos fechados desde as primeiras chupadas, sentiu mais prazer e tesão do que no momento em que a primeira garota da sua vida chupou o seu pênis.

- Delícia, Dani. Pare de fazer isso, ou eu vou gozar na sua boquinha...

Daniela não tirou a boca do pênis e o dono daquele órgão duro ficou sem saber se aquilo era mesmo uma autorização para que enchesse a boca da sua professora com porra quentinha. Sem saber o que fazer, George tentou se concentrar apenas nas chupadas. Se gozasse ou não na boca de Danieli, ele poderia decidir depois. Isso se ele conseguisse resistir...

Danieli não tirava a boca do pênis de George nem mesmo para respirar, ao mesmo tempo em que demonstrava que tinha habilidade e vontade de chupar por muito tempo. Ela gemia às vezes, quando os seus gemidos emudecidos se juntavam ao do rapaz, que naquele momento já lutava com o prazer provocado por uma boca e uma língua tão magníficas.

Antes que George pudesse repetir a frase anterior, ou antes que pudesse pedir permissão, ou antes mesmo que conseguisse pensar em alguma coisa, a porra começou a atravessar os dezoito centímetros do seu pênis.

O estudante ejaculou como nunca tinha feito na vida e encheu a boca da professora com a sua porra quente. Sem saber o que fazer, se deveria pedir desculpas ou gemer mais alto ainda, ele continuou com os olhos fechados. Os gemidos continuavam, ainda que fosse perigoso ser flagrado por alguém naquela posição explícita.

Danieli não tirou a boca do pênis enquanto ainda tinha uma gota de porra e parecia não ter a intenção de largá-lo nunca, não fosse o local público que tinha escolhido para chupá-lo.

A mulher casada se deliciou com cada uma das gotas de porra ejaculadas pelo seu aluno favorito e só tirou a boca porque era muito perigoso continuar ajoelhada em frente a George.

Ainda assim, quando se levantou e ajudou ao seu aluno a colocar o pênis de volta para dentro da bermuda, Danieli sorriu e lambeu os lábios. Essa era a resposta que George precisava para se tranquilizar de vez, mesmo que já estivesse totalmente relaxado por ter gozado de maneira tão espetacular e impensada na boquinha da sua professora.

- Você é louca, Dani!

- Por que você diz isso, querido?

- Por quê? Você ficou ajoelhada no chão e chupou o meu pau até engolir toda a porra.

- E qual o problema?

- Alguém poderia ter visto.

- Talvez essa pessoa experimentasse o mesmo tesão que eu estava sentindo enquanto chupava esse pau delicioso - disse a professora sorrindo com malícia. - Você não gostou do que eu fiz, querido?

- É lógico que eu gostei muito! Eu nunca tinha gozado desse jeito, especialmente em público. Foi uma loucura!

- Eu adoro fazer loucuras. Eu já não fazia nada assim há muitos anos.

George ficou olhando para os olhos da sua professora de matemática por alguns instantes, quando percebeu que ela estava feliz. Parecia que o esperma e toda aquela loucura haviam feito muito bem a ela. O seu rosto, que já era lindo, agora estava resplandecente.

- Vamos voltar para o nosso chope?

- Vamos, safadinha.

Professora e aluno retornaram à mesma mesa onde estavam, mas dessa vez já se sentiam bem diferentes. Não era somente George que estava mais calmo, mas Danieli também. Embora adorasse sentir um pênis entrando e saindo da sua vagina, ela gostava muito de chupar e também de engolir toda a porra que saía dele.

Como o pouco chope que ainda restava nos copos já tinha esquentado, George pediu mais dois copos. Certamente a sua professora tinha sede, ainda que já tivesse tomado um líquido lá fora.

- Posso confessar uma coisa para você? - perguntou George depois de uns instantes em que o garçom se dirigiu ao balcão.

- Claro! O que é?

- Essa foi a primeira vez que eu gozei sendo chupado.

- Sério! Como assim?

- Sei lá! Nem a Kátia e nem as minhas outras namoradas conseguiram me fazer gozar sem que eu "ajudasse" um pouco.

- Puxa! Eu fico feliz que você tenha conseguido comigo.

- Eu também fiquei.

Danieli sorriu de forma diferente ao encarar o olhar de George. Ela ficou muito satisfeita não apenas por ter sido a primeira mulher a fazê-lo gozar com sexo oral, mas também por causa da cumplicidade que parecia estar nascendo entre eles depois de tantos meses em que ela o desejava anonimamente.

Não foram poucas as oportunidades em que a professora olhou para o seu aluno e sentiu muita vontade de conversar, de expor sentimentos que haviam surgido de um lugar desconhecido até mesmo por ela. Entretanto, Kátia estava sempre por perto, o que impedia a mulher casada de revelar o que sentia pelo namorado de uma das suas alunas.

Certamente uma das coisas que mais a intrigava era o fato de que a maioria dos homens quase se arrastavam aos seus pés, tanto professores como alunos e quem a professora de matemática encontrava pelas ruas.

A bela e sensual ruiva já havia recebido várias cantadas, algumas sutis, outras escancaradas, mas não havia cedido a nenhuma. Do mesmo modo que acontecia com a maioria das mulheres, Danieli só gostaria de se entregar a quem ela realmente gostasse, e esse homem – ou rapaz – estava sentado bem à sua frente.

Assim que o garçom colocou mais dois chopes sobre a mesa, George empurrou um caneco em direção à professora, que bebeu rapidamente uma boa quantidade. A porra que ela tinha engolido realmente deveria ter provocado a sua sede.

George pensou em confessar mais uma coisa. Além de não conseguir ejacular naturalmente nas bocas das poucas garotas que já tinham chupado o seu pênis, elas não engoliam a porra. Todas elas saíam rapidamente da cama para cuspir na pia, caso estivessem sozinhos em casa, ou em algum recipiente, caso os familiares de algum deles estivesse por perto.

Como o rapaz jamais tinha ido a um motel com nenhuma delas, já que não tinha carro e nem mesmo muito dinheiro, a única maneira de transar com as garotas era nas casas de um deles ou em algum lugar que surgisse e que permitisse que fizessem sexo, o que geralmente acabava sendo oral ou uma rapidinha.

O sorriso contagiante de Danieli envolvia George e fazia com que ele sorrisse mais do que normalmente o fazia. Apesar de ter sido chupado por aquela boquinha sorridente, ele não entendia exatamente o que estava acontecendo com a sua professora.

Quando se lembrou da namorada, George ficou imaginando onde estaria Kátia naquele momento. A loura provavelmente tinha tomado alguns chopes na companhia dos colegas de aula e agora deveria estar na casa dos seus pais, talvez dormindo.

Foi quando ele se lembrei da namorada. George ficou imaginando onde estaria Kátia naquele momento. A loura provavelmente tinha tomado alguns chopes na companhia dos colegas e deveria estar em casa, talvez dormindo.

A garota mais jovem desapareceu rapidamente dos pensamentos de George, já que uma muito mais provocante e experiente estava diante dos seus olhos - e tinha acabado de chupar o seu pênis e, quase de forma mágica, permitido que ele gozasse nela sem se preocupar com um local para cuspir a porra, ainda que lá houvesse vários.

Enquanto professora e aluno bebiam os chopes agora mais relaxadamente, trocavam olhares de desejo, mesmo que contidos pela relação formal que tinham vivido nos quatro anos em que George frequentava aquela escola.

Quando ele esvaziou o seu copo, percebeu que Danieli tinha tomado pouco do seu. Apesar da sede inicial, o líquido gelado estava só um pouco abaixo do nível original. Talvez ela gostasse mais de tomar porra do que chope.

- Eu quero você para mim, George - falou ela substituindo o lindo sorriso por uma expressão mais séria. - Mesmo que seja somente uma vez...

As palavras ousadas e um tanto quanto vagas deixaram George um pouco perturbado. Mesmo imaginando o rumo que eles estavam tomando, o sentido não era totalmente claro. Afinal, a professora era casada e ele tinha namorada.

- Infelizmente eu preciso ir embora - falou ela ao olhar para o celular, que estava ao lado do copo de chope. - Está ficando tarde e o meu marido já deve estar preocupado comigo.

- Claro, Dani. Eu entendo.

George ficou com ciúme ao imaginá-la voltando para casa e se encontrando com o marido. Não foi nada bom visualizar a mulher que tinha acabado de chupar o seu pênis aos beijos com outro homem e fazendo tantas coisas juntos.

Talvez a professora chegasse em casa e chupasse o pênis de Stênio, quando engoliria porra pela segunda vez na mesma noite. Ou talvez ela se pelasse, beijasse a boca do marido com a porra de um aluno e depois deixaria que ele gozasse dentro da sua vagina, quando ela sentiria leitinho em duas partes de um corpo certamente fenomenal, mas que George ainda não tinha visto sem roupas - e talvez nunca viesse a ver.

George tomou o resto do chope em um único gole para tentar apagar pensamentos ruins e também para não desperdiçar aquele líquido caro, que custaria boa parte da mesada que recebia regularmente dos pais.

Ele ergueu a mão e fez um sinal para que o garçom levasse a conta. Quando o rapaz chegou, Danieli insistiu para pagar, mas George não permitiu. Além de haver dinheiro suficiente na sua carteira, pagar pelos chopes era o mínimo que ele poderia fazer por uma professora tão deliciosa e safada.

Um sentimento muito forte fez George chegar perto de Danieli assim que eles chegaram ao estacionamento do bar. O rapaz tentou beijar a boca da professora antes de entrar no carro, mas o beijo acabou saindo um tanto desajeitado, então ele recuou com medo da sua reação.

Apesar do risco de ser vista com um rapaz bem mais jovem em um local frequentado por seus conhecidos, Danieli se aproximou do aluno com o seu sorriso lindo, colocou as mãos na sua cintura e o beijou na boca. Apesar de delicado, o beijo foi intenso. Foi também duradouro. Foi o melhor beijo que George já tinha sentido em toda a sua vida.

Estranhamente, todo o nervosismo vivido por George dentro do bar tinha passado. Ao mesmo tempo, deflagrava-se um desejo muito grande não pela professora, mas pela mulher sensacional que estava à sua frente. O rapaz hesitou um pouco antes do terceiro beijo, quando ele conseguiu sentir o verdadeiro sabor de Danieli, de uma mulher formada.

Os talvez amantes entraram no carro, aonde aconteceram outros beijos ofegantes. Preocupada com o horário e com o marido, Danieli olhou para o relógio do painel do carro e deu a partida.

Ainda com medo das consequências daquele encontro, ou talvez embalados pela emoção, eles pouco conversaram no trajeto do bar até a casa de George, que estava ficando cada vez mais atraído e sabia que Danieli sentia o mesmo. Uma mistura de desejo com perigo tomava conta de ambos.

Chegando em casa, George foi pegar os seus livros, que estavam no banco traseiro do carro, quando Danieli tocou a sua mão. Impedindo que ele os alcançasse, ela o beijou novamente. Aqueles beijos tinham um sabor especial, coisa que o rapaz ainda não tinha experimentado ao beijar Kátia, nem tampouco as outras poucas namoradas anteriores.

- Eu não consegui prestar nenhuma atenção à sua aula, Dani - falou George ao pegar os livros e abrir a porta. - Eu já não consigo me concentrar na aula de matemática. Depois que você foi lá pertinho de mim, então, eu só consegui olhar para você.

- É uma pena que eu demorei tanto para revelar o que sinto por você.

- Sim, mas ainda podemos aproveitar, não?

- Eu não sei...

Aluno e professora se beijaram mais uma vez, agora rapidamente, então George saiu do carro. Mesmo compreendendo a pressa de Danieli, o rapaz sentiu muito ter que deixá-la partir, mas já era tarde.

Além disso, ele tinha medo que Kátia telefonasse, ao mesmo tempo em que Danieli precisava retornar à sua casa, na qual o marido a aguardava inocentemente sem saber do seu paradeiro. Quando o veículo desapareceu ao longe, dobrando em uma esquina, o estudante abriu o portão de ferro e entrou finalmente em casa.

Já era madrugada e George não conseguia dormir, ficava se virando na cama barulhenta. O sabor do batom de Danieli ainda estava na sua boca e aqueles beijos quentes permaneciam na sua memória. O sangue corria freneticamente pelas suas veias e aumentava o desejo e a paixão que o aluno sentia pela professora.

O tesão que os lábios da professora provocavam no rapaz que se virava na cama a todo o momento impedia até mesmo que ele se lembrasse que aquela boca tinha acabado de engolir porra.

O sentimento era bem diferente de quando ele beijou ou foi beijado por outras garotas que receberam o seu leitinho nas bocas. Ainda que nenhuma antes havia engolido nada, sempre restava alguma coisa nas suas línguas ou nos seus lábios. Em nenhuma daquelas vezes o rapaz se sentiu bem com os contatos.

Outra vez o ciúme se abateu sobre o namorado de Kátia quando começou a pensar no que poderia estar acontecendo entre

Danieli e o marido. Os pensamentos conflitantes o deixaram com menos sono ainda.

Stenio poderia ter descoberto que a sua linda esposa tinha acabado de chupar o pênis de outro homem e engolido tudo o que havia saído dele, ou, pior ainda, o tesão que Danieli tinha sentido no bar poderia não ter terminado.

Assim, o casal que estava junto há alguns anos poderia transar mais uma vez, agora talvez embalados pelo sexo secreto que a esposa havia praticado na escuridão de um bar já muito frequentado pelos dois, quando o casamento estava melhor.

George sentia o sangue ferver quando imaginava que agora a sua querida professora poderia estar chupando o segundo pênis da noite, uma hora depois de ter engolido a sua porra, ou o homem que ele mesmo nem conhecia pessoalmente poderia estar lambendo a vagina que ele também não havia visto.

O ódio que o aluno reprovado começava a experimentar não evitava que o seu pênis permanecesse duro debaixo do cobertor e ele não entendia o que estava acontecendo com o seu próprio corpo.

Se tivesse o telefone de Danieli, George seria capaz de telefonar-lhe só para implorar que ela não transasse com o marido, que dormisse em outro quarto ou na sala, ou que retornasse com o seu carro já um pouco velho, estacionasse em frente à sua casa e dormisse ao seu lado, ainda que a sua cama fosse bem menor do que a do casal.

Assim como aquela madrugada fria, o fim de semana que se iniciava custou a passar, o que aumentou a saudade que o aluno sentia da sua professora. A próxima aula com ela seria na terça-feira. George tinha receio de se apaixonar por uma mulher casada. Além disso, ele tinha namorada.

Apesar de só pensar na professora de matemática, George saiu com Kátia no sábado à tarde. Os namorados foram ao cinema e, depois de passearem por mais de uma hora pelo shopping, jantaram na casa da loura, aonde o namorado acabou dormindo.

George chegou a ver dois dos seus professores passeando pelos corredores daquele shopping bem movimentado, ambos com várias sacolas de roupas nas mãos. Contudo, ele não se encontrou com quem mais desejava e não sabia se vê-la seria bom ou ruim.

Ainda que Danieli fosse casada, embora George não conhecesse o seu marido, ele não se sentia bem por namorar com Kátia depois do que tinha acontecido na escuridão do bar. O rapaz sentia que estava traindo uma mulher com quem nunca tinha transado ou namorado, mesmo que já tivesse gozado na sua boca.

A filhinha

Embora os pais de Kátia não aprovassem declaradamente, permitiam que a filha mais nova levasse o namorado até o quarto e, inclusive, dormissem juntos. Eles sabiam que Kátia não era mais virgem há um bom tempo e já tinha transado com pelo menos outros dois rapazes antes de começar a namorar com George, um velho - ou novo - conhecido de ambos.

Sem chupar um pênis há mais de uma semana, já que as provas de final de ano e a falta de dinheiro para ficarem por algumas horas na privacidade de um quarto de motel muitas vezes impediam que os namorados pudessem transar com tranquilidade, Kátia foi logo tirando as roupas assim que fechou a porta.

Embora o seu corpo fosse muito sensual, com todas as coisas nos seus devidos lugares, George não conseguia deixar de pensar em um corpo que ainda não tinha tido o privilégio de ver daquele jeito.

Danieli tinha habitado os seus pensamentos desde que colocou a mão sobre a sua na sala de aula e, especialmente, depois de colocar a mesma mão no seu pênis, de chupá-lo em um local público, apesar de ser à noite, e de ter proporcionado que ele gozasse pela primeira vez em uma boca sem precisar se masturbar para chegar ao orgasmo.

Kátia estava mais afoita naquela noite e, a exemplo do que deveria ser a professora de ambos na cama do marido - e talvez também nas de outros homens, começou a chupar o pênis que tinha gozado na boca de Danieli na noite anterior.

A luz tênue que vinha do abajur ligado contribuiu para que George imaginasse que era mais uma vez a sua professora preferida que estava chupando o pênis, embora a cor do cabelo das duas últimas que tinham feito aquilo fosse diferente. Enquanto o cabelo de Danieli era castanho claro, o da garota mais jovem era bem louro.

Com os olhos fechados, George continuou se lembrando da boca de Danieli, que tinha muito mais habilidade para chupar o seu pênis, ainda que Kátia se empenhasse bastante e nunca tinha deixado de demonstrar que adorava fazer o que agora fazia avidamente.

Enquanto via o corpo despido da namorada, que estava de quatro na cama, tanto de lado como através do espelho do guarda-roupa cor-de-rosa, George tentava imaginar como Danieli seria quando estivesse completamente nua.

O seu corpo teria certamente mais "carne" para se apalpar, seria mais sensual ainda do que o de uma jovem de dezoito anos, teria bem mais experiências sexuais do que uma garota que só tinha namorado cinco ou seis rapazes e que tinha pertencido somente para a metade deles - ou era o que ela afirmava com todas as letras.

Kátia chupava o quinto ou sexto pênis da sua vida com muita vontade naquela noite e quase fazia parecer que a loura tinha descoberto que aquele mesmo órgão tinha sido chupado a menos de vinte e quatro horas - e gozado naquela boca experiente.

Contudo, a filha dos donos da casa, que assistiam televisão no quarto ao lado e deixavam o volume alto para não ouvir os barulhos que vinham da cama da garota de dezoito anos, não pensava nos outros pênis que já tinha chupado - ou naqueles que tinham se oferecido mesmo durante o namoro de alguns meses.

A garota que estava de quatro já tinha chupado um pênis bem maior do que o que naquele momento estava prestes a gozar. O último namorado de Kátia era um tanto avantajado e o seu pênis, além de ser bem grosso, media cerca de vinte e um centímetros. Assim como o de Isaías, o pênis de George não entrava mais do que a metade na boca da loura.

Depois de observar através do espelho mais uma vez o corpo sensual da garota que estava para completar dezenove anos, George fechou os olhos novamente e voltou a pensar na única boca que já tinha engolido a sua porra.

Danieli parecia ainda estar ajoelhada diante do rapaz, cuja calça estava um pouco abaixada. Naquele momento as chupadas das duas mulheres se assemelhavam e, ainda que a boca da professora tivesse provocado mais prazer, até pela forma como tudo tinha acontecido, a sua namorada também conseguia extrair prazer e gemidos, que precisavam ser controlados para não despertar a ira dos sogros.

O pênis de dezoito centímetros começou a ferver e as mãos do seu dono apertaram com mais força o cabelo louro da namorada. George experimentava uma mistura de necessidade de quase obrigar que Kátia continuasse chupando o seu pênis com medo que ela tirasse a boca e a sua porra jorrasse pela cama solteiro da namorada.

Talvez ajudado pelas lembranças dos bons momentos que George tinha passado na companhia da sua professora, ou talvez apenas por mérito da namorada, que se empenhava ao máximo para fazer com que ele gozasse na sua boca sem o auxílio de mãos, George finalmente conseguiu chegar ao orgasmo.

A porra saiu fluentemente do seu pênis e se espalhou pela língua e pela garganta de uma garota que já tinha proporcionado prazer semelhante a outros dois rapazes. Enquanto George gemia efusivamente, e naquele momento nem mesmo o volume da TV dos sogros os ajudava a não ouvir os sons produzidos no quarto ao lado, Kátia finalmente engolia a porra que saía naturalmente daquele pênis grande e grosso.

Imitando Danieli na noite anterior, a loura se deliciou com tudo o que saía do pênis do namorado e, inclusive, ficou sugando para que conseguisse tomar até a última gotinha daquele líquido amargo, mas saboroso.

Kátia se deitou satisfeita ao lado de George e o seu sorriso meigo indicava o quanto tinha gostado de engolir a porra e também de proporcionar um prazer tão grande ao namorado. O seu pênis não era tão grande quanto o de Isaías, mas era bem maior do que os outros que ela já tinha chupado. E era o do rapaz que ela amava.

Mesmo tendo gozado na boca da namorada, George ainda pensava na sua professora de matemática. A saudade da ruiva era grande e o ciúme por ela poder estar fazendo a mesma coisa no pênis do marido também.

Depois de se acomodar na metade do único travesseiro existente na cama apertada, Kátia tentou beijar a boca do namorado, que a evitou por receio de sentir o sabor da própria porra. Entretanto, o sorriso meigo da garota que tinha acabado de chupar o seu pênis fez com que George voltasse atrás e aceitasse.

Kátia subiu no corpo do namorado e começou a beijar a sua boca da maneira como sempre fazia, embora naquele momento parte do leite de George ainda estivesse nos seus lábios, na sua boca e na sua língua.

Mesmo não gostando nos primeiros momentos, George passou a sentir prazer com os beijos da namorada, quando o pênis voltou a se manifestar. Na sua idade, aquilo nem era tão difícil, mas a porra que os beijos continham poderia fazer a diferença entre endurecer rapidamente ou ter que esperar mais alguns eternos minutos.

A loura começou a mordiscar a orelha do namorado e a beijar o seu pescoço, o que acendeu novamente o seu ânimo. Antes que a mesma boca chegasse novamente ao pênis, a mão pequena e macia da garota já comprovava que ele estava pronto para o segundo round.

Ainda assim, Kátia recomeçou a chupar o pênis do namorado, quando sentiu mais uma vez o sabor da sua porra, já que ainda saía uma ou outra gotinha. A garota estava mais uma vez de quatro na cama e o seu corpo jovem era visto novamente através do espelho do guarda-roupa.

Mais uma vez George se lembrou da agora penúltima mulher que chupou o seu pênis e engoliu a sua porra, então pediu para que fossem para o chão. Sem entender muito, já que a cama era bem mais macia do que o tapete de tecido, a loura aceitou a sugestão do namorado.

George ficou em pé, igual a quando era chupado por Danieli, e pediu que Kátia se ajoelhasse na sua frente. A garota ingênua atendeu ao seu pedido e voltou a abocanhar o pênis duro que estava diante dos seus olhos.

Mais uma vez George fechou os olhos e, colocando as mãos carinhosamente no cabelo da namorada, imaginou que era a sua professora quem estava chupando o pênis. Agora o espelho não refletia a imagem do sexo oral e a imagem de Kátia não se misturava à de Danieli.

Já que não podia comer a professora, ou pelo menos por enquanto, George ajudou a namorada a se erguer, beijou a sua boca com a mesma paixão que tinha beijado outros lábios e pediu que ela se deitasse na cama.

Ignorando o que se passava pela cabeça do namorado, a garota geralmente submissa se deitou sorrindo e abriu as pernas. Ainda ouvindo o som da televisão do quarto ao lado, George se embrenhou no meio das coxas de Kátia e aproximou o pênis da sua vagina.

Antes de introduzi-lo em um local já frequentado por ele cerca de cinquenta vezes - e outras cinquenta pelos outros rapazes que comeram a sua namorada, George olhou bem para a vagina de Kátia e tentou imaginar como seria a de Danieli.

Ela certamente seria um pouco maior e teria pelinhos um pouco mais escuros. Porém, deveria ser mais deliciosa do que aquela ali, e mais desejada também.

George beijou os lábios sorridentes da namorada ingênua e se deitou por cima dela. Uma das mãos de Kátia pegou o seu pênis, como se ele não soubesse o caminho, e o conduziu carinhosamente até a abertura da vagina.

O pênis grosso de dezoito centímetros entrou lentamente na vagina da garota de dezoito anos. Além de ela ser bem apertada, George não conseguiu ficar sem imaginar que estava penetrando a sua professora. E nem de desejar que fosse ela e não Kátia que estivesse debaixo do seu corpo.

Enquanto Kátia começava a gemer por causa dos prazeres provocados pelo pênis do rapaz que ela amava há muito tempo, embora só tivesse se declarado há alguns meses, George foi se acomodando dentro do seu corpo e em cima da cama, quando começou a enfiar com mais vontade.

Agora sim ele estava comendo a vagina de Danieli, que não tinha mais dado para o marido e nem mesmo chupado o seu pênis. A sua professora agora era somente sua, de mais ninguém, e talvez começasse a dar aulas só para George, assim como o seu corpo perfeito.

George sentiu novamente os arrepios que sempre antecediam o orgasmo, mas esse veio acompanhado de uma forte dor nas nádegas e em toda a região peniana. O prazer que ele sentiu ao enfiar o pênis na vagina de Kátia - ou de Danieli - foi tão intenso que o rapaz não conseguiu evitar um grito.

Agora nem mesmo o volume alto do filme que os sogros assistiam era suficientemente alto para evitar que tivessem certeza de que a filha estava sendo comida no quarto ao lado.

A mesma quantidade de porra que tinha jorrado para dentro da boca de Kátia - e também na de Danieli - agora entrava na vagina da jovem. O pênis continuou com os seus movimentos frenéticos mesmo depois do orgasmo e parecia que não diminuiria nunca de tamanho e nem de espessura.

Kátia, que geralmente não tinha muita dificuldade para atingir orgasmos, tentou não ficar inibida pelo fato de seus pais terem mais uma vez a certeza de que a sua filhinha estava dando para um rapaz.

A garota segurou firme a cintura do namorado e o obrigou a penetrá-la ainda mais profundamente, quando sentiu todo o tamanho do pênis no fundo da vagina agora cheia de porra. Fechando os olhos e mordendo os lábios para que ninguém além do namorado soubesse dos prazeres que experimentava, Kátia chegou ao orgasmo.

A loura, que estava perdidamente apaixonada pelo namorado, ficou rebolando enquanto ainda sentia toda a virilidade do jovem de vinte anos que estava no meio das suas pernas e mantinha a sua vagina aberta. Os seus movimentos agora eram mais intensos do que os que George fazia, já que o rapaz começava a reduzir tanto o vaivém quanto os fortes batimentos cardíacos.

Desejando que o pênis jamais saísse da vagina, Kátia nem terminou de sentir o prazer do primeiro orgasmo e já começava a sentir o segundo.

Dessa vez, entretanto, a garota foi obrigada a morder os lábios com mais força ainda, já que os seus gritos e gemidos poderiam denunciá-la aos pais. Por mais que fossem compreensivos, eles não gostavam tanto assim que os rapazes enfiassem os seus pênis completamente duros na vagina e nem na boca da filha.

Os movimentos dos namorados começaram a diminuir de vez, mas o pênis não amoleceu rapidamente. Se estivessem em um motel, ou sozinhos em casa, certamente os namorados chegariam ao terceiro round em pouco tempo, mas estavam impedidos de sequer pensar em repetir o sexo.

Por alguns instantes, George se viu obrigado a se esquecer de Danieli, já que o carinho e os beijos de Kátia dominavam o seu cérebro. A paixão que a loura demonstrava sentir pelo rapaz que ainda estava com o pênis dentro da sua vagina era muitas vezes arrebatadora e fazia com que ele não pensasse em mais nada.

A última semana

Como os namorados acordaram bem tarde no domingo, e ainda transaram uma vez antes de sair do quarto para tomar café da manhã e almoçarem ao mesmo tempo, George ficou sem estudar durante o final de semana.

Ainda que tivesse beijado e sido chupado pela professora, não significava que ela facilitaria alguma coisa durante a prova. Ele precisaria se empenhar para aprender aquela matéria tão assustadora para a maioria das pessoas e, assim, passar de ano. Ficar para trás da própria namorada não era uma opção.

Veio a tão esperada terça-feira, dia em que George reencontraria a sua professora. Aquela seria a última aula antes da prova final, que ocorreria em poucos dias.

Danieli chegou atrasada, entrou rapidamente na sala e esbarrou em uma cadeira que estava perto da mesa. O desejo que George tinha de poder conversar um pouco com ela antes da aula acabou não se concretizando.

Danieli estava diferente da noite em que saiu com George, o que o deixou preocupado. Ela explicava a matéria sem sair de perto do quadro, o que o deixava com medo de chamá-la. Aqueles beijos intensos pareciam não ter acontecido.

Não conseguindo mais aguentar a ansiedade e o desejo de tê-la por perto outra vez, enfim George a chamou. A professora se aproximou, mas não puxou uma cadeira, como na outra aula, e nem chegou tão perto. Nenhum sorriso surgiu nos lábios que aquele aluno tanto gostou de beijar. Ele nem mesmo conseguiu sentir o seu perfume inebriante.

Danieli explicou a matéria na qual George tinha dificuldade, mas a maior dificuldade do rapaz foi não poder beijá-la, ainda que fosse diante dos poucos colegas presentes na sala. Antes de voltar à sua mesa, Danieli falou baixinho:

- Não vamos poder conversar hoje. O meu marido vem me buscar na saída da aula.

Todas as expectativas vividas por George nos últimos dias acabavam de se dissipar em dois ou três segundos. Ele não conseguiria beijar aqueles lábios outra vez, não sentiria o calor daquele corpo e muito menos gozaria na sua boca.

Ao sair da sala, George tentou descobrir quem era o marido da professora entre os vários desconhecidos que estavam nas redondezas. Havia alguns homens altos, outros baixos, havia bonitos e feios.

George só conseguiu descobrir quem era o homem que comia a sua deusa todos os dias quando Danieli saiu e um dos homens se aproximou. O casal não se beijou, apenas andou de mãos dadas até o carro. Apesar de não ser forte, o ciúme se apoderou do aluno outra vez.

Sendo dirigido pelo marido, que não era nem feio nem bonito, o veículo passou lentamente pelo portão do estacionamento. Danieli não viu que George a espreitava do outro lado da rua, ou talvez só tenha fingido não vê-lo. O carro sumiu da vista do rapaz enciumado, mas o ronco do motor permaneceria nos seus ouvidos por muito tempo.

Sem ter o que fazer, George pegou um ônibus e foi embora. Durante a viagem de quase meia hora, ele via os prédios passarem apressados pela janela. Apesar de estarem iluminados por mil lâmpadas, o único aluno entre os poucos passageiros nem olhava para os edifícios.

George não sentia nem mesmo os buracos da rua, que faziam todos os passageiros saltarem dos bancos. O ônibus parava em sinaleiras fechadas e nos pontos onde alguém sinalizava que queria entrar, mas George só tinha Danieli no pensamento.

Outra vez não foi fácil dormir, assim como foram angustiantes os dias que antecederam o novo encontro com a professora. George não saiu com Kátia com a desculpa de precisar estudar, mas o que leu queria mesmo era evitar que a sua namorada descobrisse o que se passava com ele.

Finalmente chegou a sexta-feira, dia em que George tentaria conversar com Danieli. Após algumas explicações sobre a prova, ela começou a distribuição das temíveis folhas. Mesmo havendo poucos alunos, George escolheu uma carteira bem afastada para poder dizer alguma coisa, mas a professora quem se antecipou:

- Nós precisamos conversar mais tarde. Tente entregar a prova por último e me espere perto do estacionamento.

- Está bem, Dani.

As esperanças de George retornaram de repente, embora ele não soubesse o que Danieli queria dizer. Poderia ser qualquer coisa. Talvez ela estivesse se separando do marido para ficar com ele, talvez tivesse percebido que o amava e não iria mais querer se encontrar com o seu aluno.

Não foi fácil para o aluno nervoso e temeroso se concentrar naquela infinidade de cálculos complicados depois da curta conversa que teve com a professora. No final, George nem sabia o que havia respondido, não tinha a menor noção de qual seria a sua nota. A ansiedade dominava o seu cérebro e os seus nervos.

Ao entregar a prova, cheio de esperanças de voltar a ficar na companhia da professora de matemática, George foi surpreendido pela presença de Kátia, que o esperava junto à porta. Perturbado ao ver a namorada, o rapaz nem se despediu de Danieli.

Como ele e Kátia não se viam há dias, a garota tinha ido até a escola para apoiar o namorado. Desconhecendo totalmente os seus planos, George foi recebido com um sorriso e um beijo apaixonado. O beijo que ele já havia gostado tanto, inclusive na última vez que tinha comido a sua vagina, pareceu não ter nenhum sabor naquele momento.

Danieli saiu da sala carregando a pasta que continha as provas, sorriu sem graça ao passar pelos namorados e andou em direção ao carro aonde eles tinham se beijado há alguns dias.

Sem esconder a sua decepção, ou talvez fosse também em parte frustração, a professora bateu a porta do carro com força, arrancou rapidamente e sumiu pelo portão do estacionamento do colégio.

George fingiu olhar para os lados para poder acompanhar os movimentos de Danieli e sentiu uma tristeza imensa ao vê-la partir. Ela parecia dominada pelo ciúme, sentimento que também se apossou dele nos momentos em que fantasiava um novo encontro com o marido.

No entanto, a professora de matemática poderia estar cheia de ódio, o que poderia encher a sua boca e a sua vagina com a porra de Stenio quando ela chegasse em casa.

George não conseguiu mais encontrar a professora nos dias que se seguiram, já que as aulas tinham acabado. Os amantes só conseguiram se ver outra vez no dia da formatura.

O rapaz que estava para se formar e, em seguida, tentaria o vestibular para medicina, entrou no grande salão quando Danieli conversava com alguns professores.

A sua professora preferida não percebeu a chegada do amante, que estava de mãos dadas com a inseparável namorada. Danieli, por sua vez, não estava acompanhada do marido.

Entretanto, Stênio certamente não largaria uma esposa tão deliciosa e dedicada, ou ela seria capaz de chupar novamente o pênis de um "certo" aluno, que precisaria se livrar da namorada para que isso acontecesse.

Danieli estava muito bonita, bem mais do que geralmente, ainda mais por estar com o cabelo solto, coisa que o seu amante queria muito ter visto anteriormente.

Só então George percebeu que nunca tinha comentado como gostava de vê-la assim. O seu cabelo castanho era realçado por um conjunto de saia e blusa brancas, que a deixavam mais sedutora do que dentro da calça apertada do dia em que eles se beijaram pela primeira vez.

A entrega dos certificados demorou, quando finalmente o nome de George foi anunciado. O rapaz apaixonado andou em direção à mesa onde estavam alguns professores e ficou torcendo para que Danieli entregasse o seu.

George ficou muito feliz quando o viu que ela iria entregar o seu certificado e nunca se esqueceria do sorriso com que a professora de matemática o recebeu. Ela deu dois beijos no seu rosto e cochichou que precisava conversar depois da cerimônia.

Ignorando o que tinha acontecido entre professora e aluno há alguns dias, o fotógrafo registrou aquele momento, uma pequena frase eternizada em uma inocente e muda fotografia.

Mais tarde, durante a festa da formatura, Danieli foi ao encontro de George. Como a sua namorada logo se aproximou, ela fez um breve comentário sobre a entrega dos certificados e sumiu discretamente entre a multidão.

George ainda tentou encontrá-la várias vezes, mas os seus olhos aflitos vagaram o resto da noite sem localizá-la. Parecia que eles outra vez não iriam se beijar. E muito menos transar.

George levou Kátia para a sua casa ao final da festa e, apesar da insistência da namorada, não aceitou os convites para dormir ao seu lado. Ele precisava rever Danieli ainda naquela noite, mas estava cada vez mais difícil encontrá-la. Ele foi para casa caminhando devagar, cabisbaixo, chutando as pedras que encontrava pelo caminho.

Já era de madrugada quando o rapaz desconsolado avistou ainda de longe o carro de Danieli, que estava estacionado em frente à sua casa. Quando George se aproximei, a professora saiu do veículo e andou em sua direção.

O reencontro

O coração do aluno bateu mais forte por finalmente estar a sós com a professora. No entanto, George percebeu que havia algumas lágrimas nos olhos de Danieli quando ela se jogou nos seus braços e o beijou.

O rapaz gostou tanto de sentir outra vez aqueles lábios, quando percebeu quanta falta faziam. O abraço foi prolongado e parecia que não acabaria nunca.

- Por que você está chorando, Dani?

A professora continuou abraçando o aluno em silêncio. George pediu que entrassem em casa porque temia que alguém os visse na calçada. Se os seus pais acordassem, certamente reprovariam o fato do filho estar com outra mulher. Eles conheciam Kátia desde criança e gostavam muito dela.

Ao entrar, George sugeriu que se sentassem no sofá da sala, mas Danieli pediu para ir ao seu quarto. O rapaz ficou com um pouco medo de levá-la até lá, já que só Kátia tinha estado naquele cômodo - e naquela cama.

A porta soltou um rangido ensurdecedor naquele silêncio emudecedor da casa às escuras, o que fez o coração de George pulsar ainda mais forte. Ele a trancou com cuidado, mas a chave parecia fazer o barulho de um trem passado pelos gelados trilhos de aço.

- O que aconteceu, Dani?

Danieli colocou a mão na boca de George para que ele não fizesse mais nenhuma pergunta. O rapaz ligou o abajur que era preso à parede ao lado da cama, mas a professora apertou o interruptor em seguida, fazendo com que a escuridão total do quarto voltasse a reinar.

Depois de beijar a boca de George com muita paixão, Danieli abriu a janela e ficou contemplando a noite por alguns segundos. Uma leve brisa começou a agitar a cortina, ao mesmo tempo em que o luar recebeu permissão para adentrar ao quarto.

A professora de matemática estava muito misteriosa e permanecia em silêncio. Ela se virou para George e começou a desabotoar a camisa branca, que logo foi jogada ao chão.

Contra o luar, que penetrava pela janela entreaberta, Danieli se despiu devagar para o amante. O vento agitava o seu cabelo solto, assim como já fazia com a cortina cinza do quarto.

George continuou parado, deslumbrado com o que assistia, ainda que soubesse o que aconteceria quando Danieli assentiu em entrar na sua casa e na sua vida.

Vez por outra a cortina os deixava às escuras, mas em seguida permitia ao jovem contemplar a mulher por quem estava perdidamente apaixonado. Nem mesmo a juventude da namorada do rapaz conseguiria fazer que ele não tivesse uma relação sexual com aquela mulher mais velha - e muito mais sensual.

Completamente nua, a professora se aproximou lentamente do seu aluno. Ela abriu a camisa de George e beijou delicadamente o seu peito, depois tirou o resto das suas roupas.

Ainda em silêncio, Danieli beijou intensamente a boca sedenta do seu amante. George a abraçou com satisfação, quando as suas mãos tocaram pela primeira vez aquele corpo proibido, que pertencia a outro homem. A boca do aluno estava colada à da professora e as suas mãos passeavam inquietas pelo corpo da esposa de Isaías.

- Vamos aproveitar cada segundo desta noite, meu amor. Ela poderá ser a única.

- O quê?

Danieli não explicou o que queria dizer com aquelas palavras e puxou o rapaz para cima da cama. Sem ter ideia do significado da frase lacônica, George não teve como resistir ao convite.

Ela o beijou na boca e ele acariciou cada pedaço daquele corpo delicioso. George ainda não acreditava que estava com aquela professora deliciosa na cama aonde apenas Kátia havia se deitado.

Os beijos calorosos, os lábios macios e o corpo sensual de Danieli faziam com ele se esquecesse de que a cama era barulhenta demais para uma noite silenciosa e que os seus pais poderiam acordar e descobrir que o filho estava acompanhado por outra mulher.

Enquanto a brisa que entrava pela janela tentava em vão refrescar o casal de amantes, George começou a chupar os seios rígidos da professora, que mais se pareciam com dois montes pintados em um quadro por um artista renomado.

Danieli sentia todo o prazer com as carícias que aquela boca e língua faziam nos seus seios, mas ela queria chupar mais uma vez - talvez pela última vez - aquele pênis duro que a cada momento se encostava na vagina ainda não penetrada por ele.

Mais uma vez a professora se ajoelhou diante do aluno e abocanhou o seu pênis duro. Dessa vez Danieli agarrava com força a bunda do amante e a puxava, fazendo com que o pênis de dezoito centímetros quase se escondesse inteiro na boca.

Por mais que adorasse ser chupado, especialmente por uma boquinha tão sensual, George precisava fazer uma coisa que só tinha acontecido com Kátia e mais uma ex-namorada.

O aluno deitou a professora na sua cama de solteiro, abriu as suas pernas e enfiou a língua na vagina. Danieli, desconhecendo o fato de Kátia ser a preferida dos pais de George, começou a gemer incontrolavelmente. Os gemidos só aumentaram quando as mãos do rapaz retornaram aos seus seios.

Enquanto a garota de trinta e um anos de idade era lambida pelo rapaz de vinte, sentiu os tão conhecidos arrepios começarem a percorrer o seu corpo do mesmo jeito que tinha acontecido com o primeiro namorado, mais de uma década atrás.

Se George tivesse condições de ouvir os gemidos da sua amante, já que ele estava totalmente inebriado por passar a língua em uma vagina tão linda e deliciosa, teria pedido que ela mordesse os lábios, já que os seus pais certamente já teriam acordado.

Entretanto, o aluno estava tão extasiado quanto a professora, e não conseguia distinguir os gemidos das batidas do próprio coração apaixonado. Por mais garotas que o rapaz já tivesse comido anteriormente – e nem eram tantas assim, ele jamais tinha experimentado sensações tão intensas quanto aquelas. Talvez ele estivesse gostando mais de lamber a vagina de Danieli do que ela própria gostasse de ser lambida.

Danieli atingiu o orgasmo enquanto apertava com uma força quase descomunal os cabelos do amante, cuja língua não saía um instante sequer da sua vagina. O prazer da mulher casada se estendeu por um longo período e ainda era sentido quando o pênis do aluno finalmente se aproximou.

O momento tão sonhado por ambos finalmente tinha chegado. Danieli estava deitada na cama do amante, as suas pernas estavam abertas e George estava entre elas. O pênis, duro desde que o momento em que eles tinham se beijado em frente à casa, alcançou os lábios vaginais da professora.

Danieli se ajeitou na cama, sorriu e deu a permissão que George tanto esperava. Sem que ela ou mesmo ele pegassem o pênis e o conduzissem para dentro da vagina, o aluno penetrou a sua professora com a suavidade de quem estaria tirando uma virgindade, embora ele jamais tivesse tido esse privilégio em toda a vida.

Ela gemeu mais uma vez e o rapaz que começava a comer a sua vagina com mais intensidade a imitou. O pavor de que os pais descobrissem que não era Kátia quem estava ali, no quarto ao lado, já não o assustava mais. Embora ainda precisassem guardar aquele segredo, ele talvez não se importasse se alguém descobrisse.

George e Danieli fizeram amor sob a luz da lua, que pintava de prateado o chão do quarto. O rapaz beijou aqueles lábios vermelhos igual a um louco em busca da sanidade enquanto a penetrava e liberava todo o desejo contido nos últimos dias.

O corpo e as mãos de Danieli faziam com que o seu amante delirasse, faziam com que ele sentisse prazeres até então inimagináveis. Aquela mulher ardente levou George até as suas profundezas, depois o conduziu ao topo do mundo, então fez com que ele explodisse de prazer em apenas um segundo.

Na primeira oportunidade em que se sentiu realmente homem, George percebeu que estava totalmente apaixonado por uma mulher casada que tinha onze anos a mais. Sentindo que Danieli retribuía aquela paixão, eles continuaram a se beijar tão desesperadamente quanto da primeira vez em que o fizeram.

Aquela mulher doce e selvagem completava o rapaz, assim como se sentia completa. Seria difícil para ele viver longe dela e a reciprocidade era verdadeira.

A cama de solteiro tinha ficado menor ainda por acomodar dois amantes apaixonados, para tanto prazer e empolgação, mesmo depois de os dois terem atingido o orgasmo e o ímpeto já ter se transformado em apenas - apenas - beijos, sussurros e murmúrios.

- Eu te amo, Dani - disse o rapaz apaixonado entre um e outro sussurro. - Eu te amo, te amo, te amo, te amo...

- Eu também te amo, querido. Desde o dia em que fomos àquele bar, eu não consigo mais pensar em nada.

- O que vamos fazer agora? Eu preciso muito de você, mas sei que existe outra pessoa entre nós.

- Outras, né? – falou Danieli sorrindo, embora ela não estivesse nem um pouco feliz com a situação que os aguardava fora daquele quarto.

- Sim, mas a Kátia não me preocupa nem um pouco. Eu sei que ela me ama, mas o nosso namoro nem tem muita razão de existir.

- Como assim?

- Ela sabe que eu não a amo. Acho que nós só estamos juntos porque os meus pais gostam muito dela. Eles a conhecem desde criancinha. Os nossos pais nos levavam e nos buscavam na escolinha, até que se tornaram amigos.

- Puxa, que coisa! Eu nunca tinha ouvido nenhuma história assim.

- Eu sei. Acho que somos os únicos que nos vimos sem roupas quinze anos antes de transarmos – brincou George.

- Muito engraçado – ironizou a mulher que mais uma vez demonstrava sentir ciúme.

- Eu te amo, Dani – falou ele depois de um longo bocejo.

George fechou os olhos e certamente ainda se lembraria de ter ouvido mais uma confissão de amor, então ele adormeceu ainda em cima - e dentro - do corpo da amante. Naquela noite, ele provavelmente teve os sonhos mais belos e mais tranquilos da vida.

O adeus

Já ia amanhecer quando George finalmente acordou. Estava frio, principalmente porque ele não conseguia mais sentir o calor de Danieli. Ele começou a abrir os olhos, mas a penumbra do quarto, aliada aos prazerosos momentos vividos naquela noite, não permitiam que tivesse certeza de estar deitado na sua cama, nem mesmo se tudo não havia passado de um sonho maravilhoso.

A janela do quarto ainda estava aberta e a cortina continuava sendo agitada pela brisa agora gelada. George se sentou na cama e começou a procurar pelo corpo quente de Danieli, mas ela não estava em lugar nenhum.

Mesmo ligando o abajur, ele não a encontrou no pequeno quarto de solteiro. George percebeu perplexo que a porta permanecia trancada por dentro. Se Danieli realmente tivesse estado no seu quarto, se eles tivessem mesmo feito o amor que o seu corpo ainda parecia sentir, ela só poderia ter saído pela janela. Contudo, talvez tudo não tivesse passado mesmo de um sonho.

Ao olhar para o quadro de lembretes pendurado na parede, um pedaço de papel chamou a atenção do rapaz desiludido, quase desesperado.

Mesmo com a luz tênue, George reconheceu a letra de Danieli ao lado de uma fraca marca de batom. Era da mesma maneira que a professora de matemática escrevia no quadro negro, local no qual ela propunha aqueles cálculos quase impossíveis de serem entendidos pelos alunos – e inclusive por ele.

George teve receio de pegar o bilhete preso ao pano de cor verde por um alfinete. Apreensivo, o rapaz se sentou na cama e começo a ler aquele pequeno recado.

George, eu estou apaixonada por você, mas não podemos ficar juntos. Eu vou me mudar para outra cidade em poucos dias e acho que nunca mais nos veremos. Peço que guarde somente as boas lembranças dos

nossos momentos. Você me fez muito feliz.
Jamais o esquecerei.
Danieli

Apesar de tudo, George terminou o namoro com Kátia alguns dias depois, já que ele não conseguia mais beijá-la e nem fingir que a amava. Seria impossível continuar escondendo o que ele sentia por outra mulher. Não seria justo com nenhum dos três.

Um ano depois de uma noite inesquecível, George nunca mais se encontrou com Danieli, nem tampouco conseguiu esquecê-la. Ele não sabia onde ela tinha ido morar e nem tentou descobrir, ainda que nem fosse muito difícil.

Aquele relacionamento tinha sido forte demais, apesar de ter durado apenas alguns dias, e certamente valeria para toda a sua vida, assim como deveria ser para a sua ex-professora.

Coladas ao lado de vários lembretes, as duas fotografias tiradas na formatura e o simples bilhete deixado às pressas pela mulher fugitiva impediam George de se esquecer que fez amor com Danieli apenas uma vez.

Fim